青空禅

ただあることの幸せ

伊東充隆

ナチュラルスピリット

青空から風が吹いて、
あなたはこの本に出会ったと思ってみてください。
これが私だと、疑うことなく思い込んでいる
バラバラな心身という雲の錯覚が解かれるために。

いたずらな風は、どこから吹くかわかりませんが、
完璧なタイミングであなたにささやきかけるでしょう。

「すべては大丈夫! あなたは雲（心身）ではなく、
青空（純粋意識）なんだよ」

本当は、

雲（心身）と青空（純粋意識）という

二つのものがあるわけではありません。

ただ一つの青空のみが存在します。

それ以外は、何も在りません。

ゆえに、雲即青空、青空即雲。

だから、すべて大丈夫です。

はじめに

小学校4~5年生の時、商店街の上に自宅があり、ある時、窓から商店街を行き交う人々をボ~ッと眺めていました。

そして、買い物をしながら世間話をしている雑多な声をただ聞いていました。

ふと見上げると、青空と静かに流れる雲がそこにありました。

すると突然、考えるでもなく一つの疑問がはっきりと浮かんできたのです。

「この世界と私は、何故あるのか？　世界があるとは、どういうことか？
そもそも、あるってどういうことなんだろう？」

その疑問と共にしばらくの間、世界と自分がとても薄っぺらくなり、現実感が希薄になりました。

だんだんすべてが消えてしまいそうで怖くなり、机に戻ってその疑問を忘れたのです。しかしそれは確かに、世界が在ることそのもの、私が在ることとそのものの不可思議さの一撃でした。

大人になっていくにつれ、この在ることとそのものの中で起こっている、あらゆるモノ、コト、人、状況に私たちは魅了されていきます。何か、とても大切なものが忘れ去られていっていることも知らずに……。

今、あなたが、人生の途上で何かが欠けている、何か変わらなくては、このままでは落ち着かない気がしているならば、その答えはわかることの中ではなく、「在ることそのもの」の不可思議さの中に、きっと見つけることができると思います。

在ることとは、解くべき問題ではなく、決して解けない不可思議であり、そのわからないということのあまりの心地よさに気づいたならば、人生に何も問題はありません。

この本は、あの不可思議さの一撃以来の自らの探求と、外科医、心療内科医、そしてセラピストとして、人間の身体、心理、社会、実存の全人的領域に関わり続けてきた、その経験の中で得た気づきや知恵を、シンプルにまとめてみたものです。

そういった気づきや知恵が、知識ではなく、日々の生活や人生の質そのものを変えていくためには、繰り返しの実践によって忘れないでいることが肝要です。

ですから、この本は、持ち歩けるくらい短く簡潔にしています。

ときどきあなたのカバンに入れて持ち歩き、何か気になったり、微《かす》かな違和感を覚えた時に、そして何かに悩んだり葛藤している時にも、ふと気になるページを開いてみてください。

青空意識への気づきは、一合目から順に学びを終えて頂上を目指すといったような修行ではありません。

子供の頃に、自転車に乗りたくて最初は補助輪をつけて練習し、次に補助輪を外して転んだりぐらついたりしながらも練習している内に、なんだかわからないけれどコツをつかんで、スイスイ楽しく自転車を乗りこなすことができるようになった経験はありませんか。

青空感覚をつかむコツもそれと似ています。ですから、諦めないで乗り続けていれば必ずコツがつかめるタイミングはやって来るのです。

全き無垢なる青空からのいたずらな風が、あなたにささやきかけますように……。

青空

1. 青空 ～本来の居場所～

錯覚

毎瞬現れる出来事に、泣いたり、笑ったり、怒ったり、喜んだり……。**心**は、止まることなく変わり続ける**雲**と同じです。

あなたの内側に認識できるのは、絶え間なくやって来る思考、イメージや記憶、時にそれは感情になって身体を巻き込みます。

それ以外は認識できないので、あなたは思考と一体になってしまい、それ故に、あれやこれやと思考で判断し、**私は心身（雲）だと錯覚してしまった**のです。

しかし、認識されたもの（対象としての心身）があなたなのでしょうか。**認識している源の感覚こそ、本来のあなたの居場所です。**

錯覚を解くために、数知れぬ雲が過ぎ去るまで、青空を待つ必要はありません。すでに決して変わることなく、あなたの内面にも広大無辺の**青空（純粋意識）**が広がっています。

さて、錯覚を解くための一番大事なコツを最初に伝えておきたいと思います。

錯覚を解こうとすると解けない。

錯覚が解けようが、解けまいが、どちらもよし。

矛盾したことを言っていると思われるでしょうが、どういうことかというと、錯覚を解こうと頑張ったり、どうしたら解けるか考えたりしている「雲の私」に着いていっても、相変わらず錯覚のままだということです。

そうではなく、ついていかずに、雲の私そのものをただ観ている何かがあるということです。

青空呼吸の風

まずは、軽くウォーミングアップから始めましょう。

意識を頭から胸に降ろして、胸のあたりに観音扉があるとイメージしましょう。観音扉を開けるとその向こうには、とても深くてきれいな青空が広がっています。

そして、その青空自体が呼吸をしているイメージで、ゆったりと丁寧に深呼吸をしてみてください。吐く息を丁寧にゆっくりと吐き切るようにすると、吸う息は自然に入ってきます。

口角を少しだけ上げながら呼吸をすることによって、セロトニンという幸せホルモンが分泌されるので、さらに効果的です。

あなたの中に湧いてくるすべての想念は、この青空に漂ってくる雲です。あなたはこれらの雲ではなく、それらを何の判断もなく観照している青空です。

青空の呼吸は風となって、時には優しく、時には一気に突風のように思考の雲を流れ去らせてくれます。

またある時には、胸に手を当てて、ただ「開き」と言って、しばらく深呼吸をしながら静かにしてみるのもいいでしょう。開きは、青空の性質であり、別れているものは何もなく「全ては一つである」ことを思い出させてくれます。

「醜いアヒルの子」という物語があります。アヒルの集団の中で育っていたので自分はアヒルなんだと思い込んでいたけれど、実は美しい白鳥だったと気づくという物語ですが、「私は雲ではなく青空だった」と気づくというのは、全く質が違います。

「私は消え入りそうな惨めな雲だと思っていたけれど、実は堂々としたパワフルな入道雲だった」と気づくという話ではありません。「地球人ではなく実は宇宙人だった」というのでもありません。

青空の私は、何とも比べようもないものなのだ。

ということを覚えておいてください。そして、あなたがもし全く新しい人生観を持って、何が起きようとも深刻にならず、深い寛ぎと共に生きてみたいならば、次のことに心を開いてみてほしいのです。

青空の私の中で、あらゆる雲（思考・感情・行為）が起こって消えていくが、私は何もしていない。

最近の脳科学の進歩によっても明らかになってきたことですが、まず勝手に思考が起こり、行為が起こり、その直後に「私が思考している。私が行為している」と思い込むように、脳はデザインされています。

私たちが普通、「私」と呼んでいるものは、無意識の膨大な情報と活動の中から意味付けされたストーリーだけが抽出されて、意識というスクリーンに映し出された幻想なのです。

アメリカ神経生理学者のベンジャミン・リベットの意識の0・5秒の遅れの実験から始まり、その後のドイツのマックスプランク研究所のヘインズ博士らの実験では、意識による判断の7秒前には脳が判断しているという研究結果が出ています。そういった脳科学の発展の詳細は、その分野の専門書に譲りたいと思います。

純粋意識
（本当の私）
ただ在る

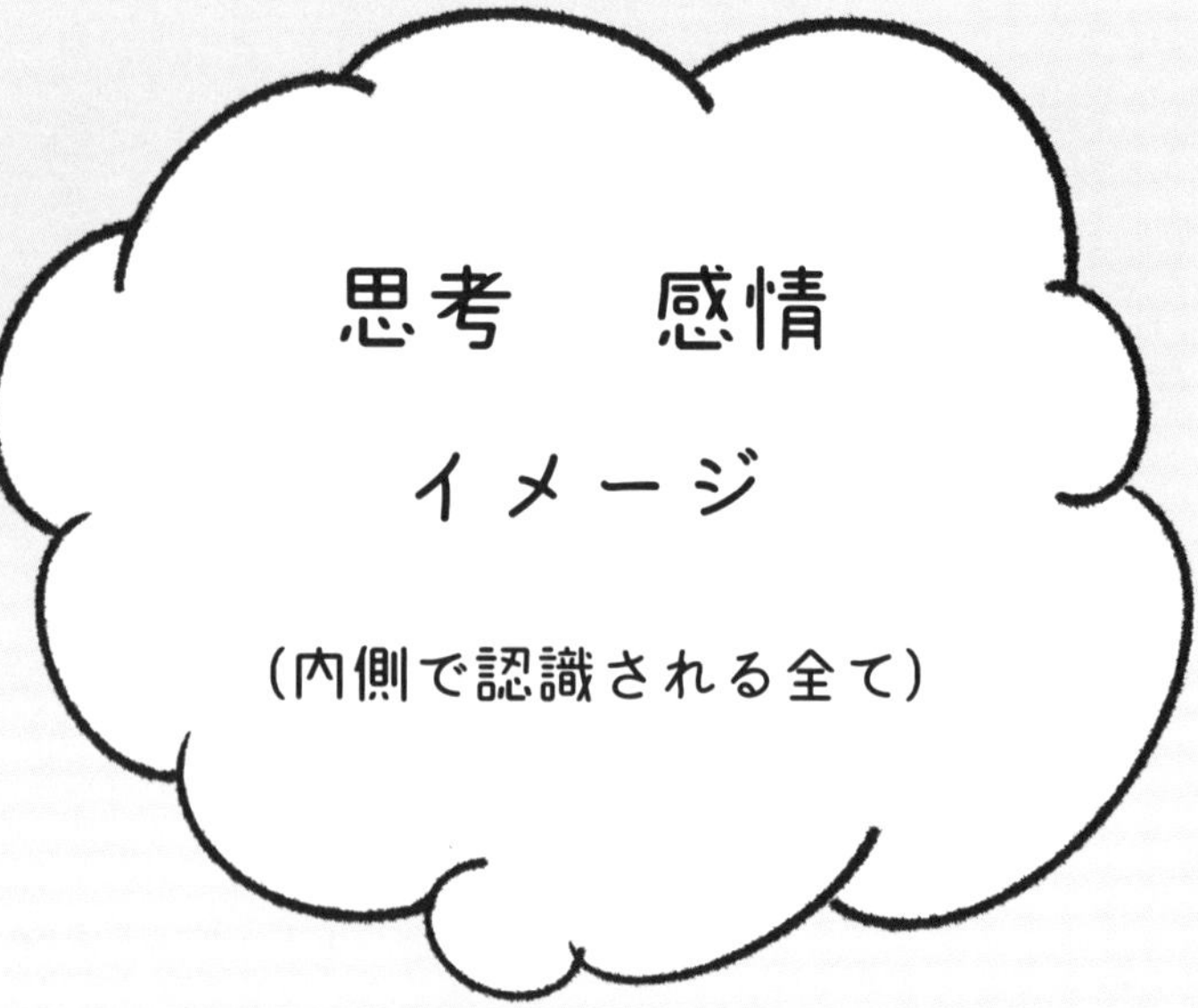

青空の私は、ただ在る

「私は、在る」という存在感は、誰に言われなくても、皆が持っているはずです。あなたの中の青空は、この「ただ在る」という感覚なのです。

自己の本質の探求者たちは、この純粋な存在を求めて探求しますが、「あなたはすでにそれですよ」と、いくら賢者に言われても、本を読んでも、納得できなくて葛藤してしまいがちです。知識ではよくわかっているけれども、体験してないとか、まだ腑に落ちてないとか、とにかくまだまだだとか。

ここでの陥りがちな錯覚は、

「私は在る」と聞くと、私という「何か」が在ると思ってしまい、その「何か」を探してしまうことです。
そうではなく、私とは、「在ることそのもの」のネーミングです。

在ることそのものが私ならば、私は何処にいますか。

在るは、何処にありますか。何処にでもありますね。

わざわざ「私」と言う必要はなくなります。

これを頭で知っているだけでは、楽にはなりませんし、平安はやってきません。ですから、ちゃんと「ただ在る」にたびたび意識を向けて、それを実際に確認することが大事です。

錯覚したままの雲の私は、在ることそのものには価値を見出していないので、そこには注意を向けず、在ることの中に現れては消えていくあらゆる内容（モノ、コト、人、状況）と物語から目が離せないのです。

空間の存在はみな知っていますが、ほとんどの人々はそれよりも色形のあるあらゆるモノの方に注意が奪われているのと同じです。

つまり、「～がある。」の「ある」ではなく、「～」という内容の方に完全に意識が囚われているということです。

ですから、内容から意識の目を離して、「ある」に意識を向けてみてください。

「ある」に、どこか境界や分離はありますか。

ここでのちょっとしたコツは、存在感ではなく、存在に意識を向けるということです。多くの探求者が勘違いして苦労してしまうのは、このただ在る（存在）を存在感とはき違えて探求してしまうことではないでしょうか。

「感」は雲のなせる技です。何か特別な感覚や体験があるはずだと思い込んでしまい、それを探し求めてしまうので、さらなる錯覚の中に迷い込んでしまいます。

「感」を外して、ただ存在に軽く意識を向け続けてみてください。
何故だかわからないけれど、ただ静かになったなら、それが答えです。

るので、全体性から切り離されている、つまり分離を信じてしまっているからです。

ですから、心が真に望んでいるのは、この瞬間、すべてあるがまま何も変えることなく、深く、深く、落ち着きたいのです。知りたい、わかりたい、納得したい……それも落ち着きたいから。実は、毎瞬間、心は落ち着きどころを探しています。

しかし、思考と一体になって私が思考していると錯覚していると、常に私以外の他のどこかに落ち着きどころを探し続けることになります。

あらゆる欲望は、この落ち着きどころを探そうとする衝動だともいえます。

禅の祖師、菩提達磨《ぼだいだるま》の残した四聖句の最初の句が「**不立文字**」。仏教における悟りは文字や言葉では表現できないし、伝えられないという意味ですが、もう一つ大事なことを伝えていると思います。

例えば、悟りとか、仏性とか、真我とか、非二元とか、何であれ言葉を立ててしまうと、その言葉が指し示す何かが在ると頭は思ってしまい、それを対象化して探してしまうのです。

なので、菩提達磨は、初め〝**言葉を立てるな**〟と教えたのでしょう。一切言葉を立てず、何も思わなかったら、そこに何がありますか。

青空の私は、生まれていない。故に、死ぬこともない。（不生不滅）

雲の私（心身）は、この時空の世界に生まれたように見えます。生まれる前にも世界はあり、死んだ後も世界は何も変わらずあり続けると、疑うことなく信じている人が圧倒的大多数でしょう。

この時空の世界が現実だと信じ込ませるカラクリは、誠に見事なものであり、驚嘆するしかありません。

誰もがこの共通の時空（客観的世界）を現実とみなして、その中で皆がバラバラに生きていると思い込んでいます。個人の内側の主観的世界は、あくまで個人的なものであり、客観的世界に従属している空想、ファンタジーのようなとりとめもないものくらいに思っている人が多いかもしれません。

しかし、時空の世界とその中の事物や他者に気づいているのは、誰ですか。それを現実のものだと認識しているのは、誰なのでしょうか。

あなたの主観である「私」ですよね。それが無かったら、客観的世界は有るも無いもありません。ただここで、主観の私を心身（雲）だと錯覚していると、全くピンと来ないでしょう。そうではなく、心身に気づいている、認識している源（青空の私）です。

つまり、客観的世界を現実のように見せている力は、主観的世界（雲ではなく青空としての純粋主観）の側にあるのです。眠っている間は、夢が現実のように見えているのと同じです。

故に、青空の私は時空の世界に一度も生まれたことはないし、死ぬこともありません。

青空の私に因果なし。
原因と結果の法則は雲の決まりごと

禅寺の庭でよく見かける、石造りの蹲踞《つくばい》に掘られた文字を見たことがありますか？

四つの文字は、中央の正方形を共有し、上から時計回りに「吾唯足知」と読むことができます。

吾《われ》、唯《ただ》足《た》るを知《し》る

1. 青空 ～本来の居場所～

これは禅のシンプルな教えですが、ここで大事なのは、唯《ただ》ということです。

唯とは、何の理由も原因もいらないということです。

足りていること、満たされていること、幸せであることに、理由を考えたり、原因を探し出そうとする必要は全くないよと教えてくれているのです。

しかし、心は、いつも何かが起こるたびに、意識していようがいまいが、なぜ?と原因を探っています。原因がわからないことに対して不安になるように仕組まれているのです。

ですから、何であれ原因らしきものが見つかると、それがたとえ嫌なものでも、つかのま安心して落ち着くのです。

思考は常に、因果を結び、辻褄を合わせることに躍起になっています。しかし、真の原因は認識できる現れの世界の中にはありません。全ては自ずから、ただ起こっています。

一つ一つの出来事の因果を結んで辻褄を合わせることをやめると、多大なエネルギーが節約されて心は軽くなり、ただ幸せを感じやすくなります。

最初はフリでもいいですから、やってみることです。ああ、ただ幸せだな～、充分、ただ足りていると言って、しばし静かに感じてみましょう。

それが呼び水となって、そのうちに本流とつながり、実感されていきます。

フリでも大丈夫なのは、それが本当だからです。

青空の私は、生存とは何の関係もない

普通、何かが「ある」とか「ない」とかを判断する時は、認識できる何かに依存して、認識できれば「ある」、認識できなければ「ない」と言います。

故に、あなたは「私は在る（存在）」を自分の心身を認識することで

確かめています。つまり、自分の心身に依存することで在ること（存在）を確かめ続けているのです。これは、私を完全にモノ化してしまった認識です。

ちょっと考えてみてください。認識された対象（心身）が私ならば、一体何が認識しているのか。認識できる対象としての心身を私であると思い込んでしまうと、どんな錯覚が起こると思いますか。

私は、生まれて成長し、年老いて死にいく者だと信じて疑わないことになります。そうすると、時間の中で生存することと、在ること（存在）が全く同じことになってしまうのです。

存在＝生存（サバイバル）ではありません。

　このイコールが完全に錯覚であることに気づいていけばいくほど、あなたは時空のフレームの中にはいないことが明らかになり、真の安心と共に、根本的に生老病死の苦しみは初めから存在していないとわかります。それまでは、生存の欲求が最大の欲求である所以です。

青空のみ存在します。存在を生存することだと錯覚しているのが雲です。

蛇と縄の例え——

「存在」を「生存すること」だと錯覚している様を、もしくは、見えている世界が実在すると錯覚している様を二〇世紀最大の覚者と言われているラマナ・マハルシは、道を歩いている者が目の前に落ちているただの縄を蛇だと錯覚して、恐れおののいているという例えで説明してくれています。

目を開いてもう一度ちゃんと直視したならば、蛇だと思っていたものは、ただの縄だったと気づいて安心する、と……。

ここで雲がやってしまいがちな引っかかりやすい罠は、恐れて目を閉じたまま、危険な蛇を一生懸命に縄だと思い込もうとすることです。それでは恐れは消えず、さらに大きくなって襲って来ることになります。

まずは、いかに生存するためのあれやこれやに意識がとらわれ恐れており、多大なエネルギーを消耗し続けているのかに気づいてみるといいかもしれません。

自分が生きているという想いが強いほど、恐れは強くなりエネルギーは消耗します。

心臓の鼓動や呼吸をちょっと観察してみれば明らかですが、完全に生かされているのであり、自分は何一つ関与できないことがわかると、自然と感謝が湧き起こり、エネルギーで満たされます。

身体という実体はない

多くの人々はこの身体が私である、もしくは身体の中に宿っていると信じています。身体の中に閉じ込められていると感じている人もいるでしょう。

なんだかんだ言っても、身体は最も現実感のあるモノですから、身体が私であるという信念は最も強いものの一つです。

ですから、あらゆる人間の欲求の中で一番強いのが「生存欲求」です。それが「死の恐怖」につながります。そこで、この身体の真実を見ていきましょう。

視覚などの五感を通して認識すると、身体は孤立した一個の固体的イメージになります。しかしそれは、認識における一つの視点にすぎません。

知性の目を使って、他の視点で身体を観てみると、全く違ったイメージが浮かび上がってきます。

身体イメージの視点を変える――

固体的イメージ：まずは肉眼で見ると、身体は固体として認識されます。

←

液体的イメージ：生理学的視点で見ると、身体の約六〇%は水ですから、身体は液体的、流動的な認識に変わります。

←

空間的イメージ：物理学的視点で見ると、原子の構造は、中心の原子核の周りに電子が回っていて、原子の中はスカスカだとわかっています。その視点で見ると、なんと身体の99・99999%は空間なのです。

← **虚空のゆらぎ**：量子物理学の発展によって、今や時空さえ二次的な現れにすぎず、空間も時間も物質（身体も含めて）も確たる実体がないことがわかっています。

心もまた実体なし

心は、「常に何か足りない、何か欠けている」という不完全感が基本設定なので、落ち着けないのが本性です。

なぜ不完全感が基本にあるかというと、私は心身であると錯覚してい

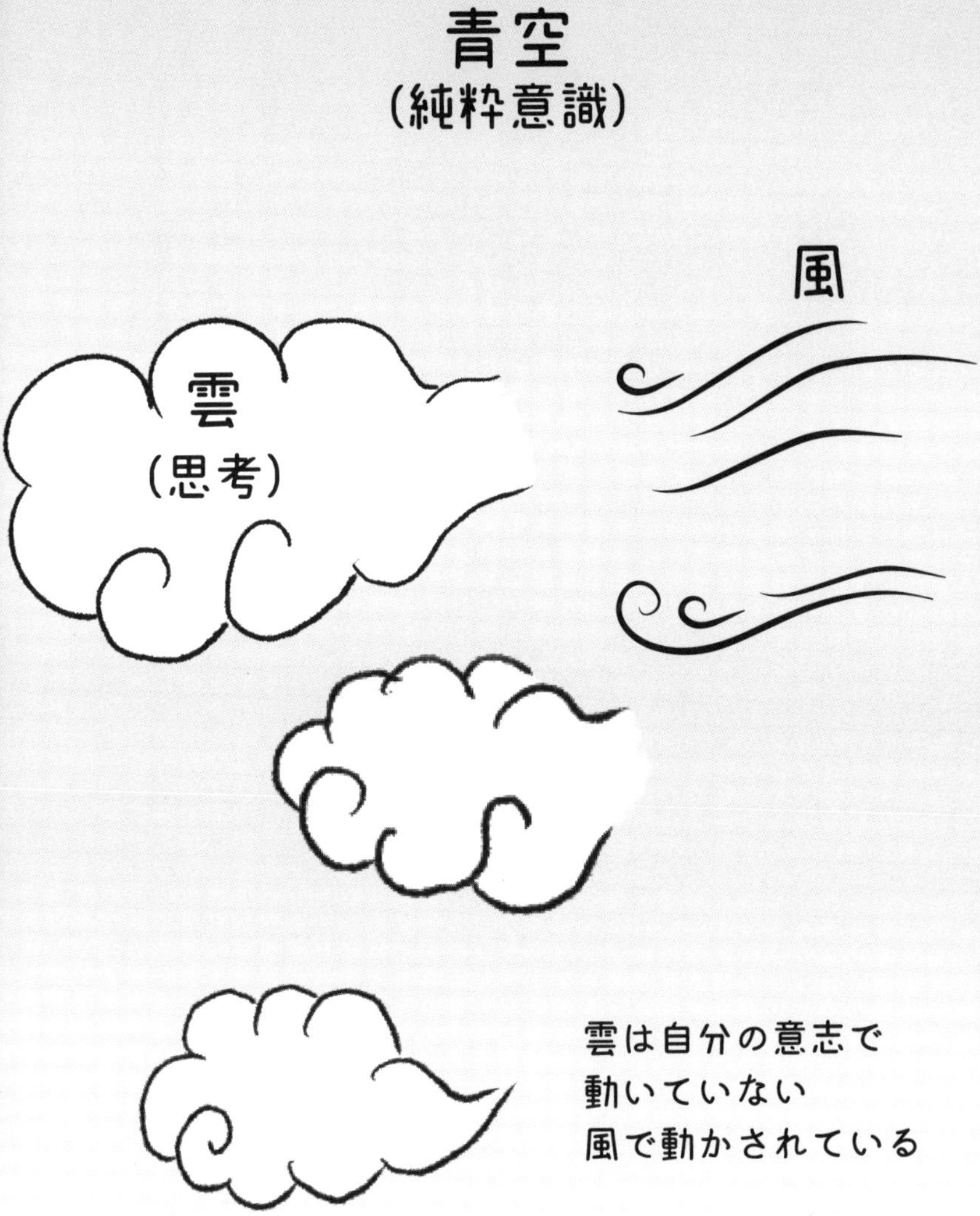
青空
（純粋意識）
風
雲
（思考）
雲は自分の意志で
動いていない
風で動かされている

だから、欲望が達成されると、つかの間落ち着けるので、幸せになりますが、実体のない変化し続ける現れに真に落ち着けるところはありません。

真に落ち着けるのは、決して変わらない実体のあるところです。

思考がうごめく心という雲の中をどれだけ探しても、これぞ実体だとわかるような核はありません。

2. 内なる青空の見つけ方

雲のない青空は存在するが、青空のない雲は存在できない

見上げればいつも青空があり、そのときどきの雲の表情があるように、あなたの内側にも風景があり、そこにも青空が広がっています。

空の表情が決して止まらず、刻々と変わり続けていくように、内側の風景の空模様も変わり続けています。あなたが「私」だと思い込んでいる思考や気分や感情、そしてイメージや記憶も含めて、内側に認識できるすべてを雲だと思ってみてください。

まず、外側の空を見て確認してください。どんな空模様でしょうか。どんな空模様だとしても、空は変わらず存在しています。しかし、当たり前のことですが、空がなければどんな雲もありえないですよね。

あなたの内側の風景も、全く同じです。思考や感情などの雲がない青空意識は、変わらず存在していますが、逆はありえないのです。

ただ内側の青空は目には見えないので、その存在がわかりづらいだけです。

目には見えないけれど確かにある、あなたの内なる青空を見つけてみませんか。

まずは最大限の単純化

心は、物事の内容、人生のストーリーにとらわれています。森羅万象という言葉があるように、内容にとらわれていると、すべてが複雑になってしまい、物事の本質を見失ってしまいます。

さらに心は、複雑な方が価値があると思い込む癖がありますから、余計に複雑になってしまい、知らずに出口のない迷路にはまってしまいます。これでは、雲の中にどっぷりと入り込んでしまっている状態なので、青空が見える隙間もありません。そこで、

雲の内容（複雑）ではなく、ただ雲そのもの（単純）を見てください。

郵便はがき

恐縮ですが切手をお貼りください

101-0051

東京都千代田区神田神保町3-2
高橋ビル2階

株式会社 ナチュラルスピリット

愛読者カード係 行

フリガナ		性別
お名前		男・女

年齢	歳	ご職業	
ご住所	〒		
電話			
FAX			
E-mail			
お買上書店	都道府県	市区郡	書店

ご愛読者カード

ご購読ありがとうございました。このカードは今後の参考にさせていただきたいと思いますので、アンケートにご記入のうえ、お送りくださいますようお願いいたします。

小社では、メールマガジン「ナチュラルスピリット通信」（無料）を発行しています。
ご登録は、小社ホームページよりお願いします。**https://www.naturalspirit.co.jp/**
最新の情報を配信しておりますので、ぜひご利用下さい。

●お買い上げいただいた本のタイトル

●この本をどこでお知りになりましたか。

1. 書店で見て
2. 知人の紹介
3. 新聞・雑誌広告で見て
4. DM
5. その他（　　　　　　　　　　　　　　　　）

●ご購読の動機

●この本をお読みになってのご感想をお聞かせください。

●今後どのような本の出版を希望されますか？

購入申込書

本と郵便振替用紙をお送りしますので到着しだいお振込みください（送料をご負担いただきます）

書　籍　名	冊数
	冊
	冊

●弊社からのDMを送らせていただく場合がありますがよろしいでしょうか？

□はい　　□いいえ

大事なコツは、徐々にではなく、一気に単純化することです。そうしないと、複雑さがあっという間にあなたに追いついて、飲み込んでしまいます。

この身体が私ならば

この身体が私だという信念に立つと、広大な空間の中をポツンと点のような私や他者が、直線的に未来へと過ぎ去る時間に押し流されながら、勝手にバラバラに動き回っているイメージになってしまいます。あなたは、世界と私の関係性をそんなふうに感じていませんか。

そのイメージでは、まさに時空の世界が神の如く絶対で、私はその中であまりにも小さな点のような身体として生まれて死んでいくモノにすぎず、私の内側はこの身体というモノに閉じ込められていると感じるでしょう。

それでは、内なる青空どころの話ではありませんね。そのイメージは全くの錯覚なのです。

点のような私を面にしてみると

世界と私の関係性を最大限に単純化してみましょう。

まず、私の外側の世界（客観的世界）を最大限に単純化すると、色形のあるモノと色形のない空間という二つで成り立っていることがわかります。それは肉眼で見えている世界、私の前に広がっている世界です。

次に、私の内側の世界（主観的世界）を肉眼で見えない私の後ろ側に見立てると、私だと思い込んでいる自分は、世界を外側と内側に分け隔てる幕のような面としてイメージされます。

［次ページ表1］

この面は外側と内側を見事に相関的に写し合う鏡のようなものです。

表１　私と世界を単純化した表（３区分）

外側（客観世界）	内側（主観世界）
物質 （色・形・多種多様）	心 （思考・気分・感情・ 記憶・イメージな どの集合体）
空間 （色、形なし、唯一）	？

外側のモノは、内側では名として存在し、モノの動きや変化は、思考、気分、感情、イメージなどの心と相関しています。

では、外側の空間は、内側では何と相関して存在しているのでしょう。

青空意識の発見

外側の世界のモノと空間、そして内側の世界の心という表1の三つの象限を私たちは普通に認識していますが、空間を映し出している内側の第四番目の区分があることに、あなたは気づいているでしょうか。

これが純粋な意識（青空意識）の反映です。**【次ページ表2】**

表２　私と世界を単純化した表（４区分）

外側（客観世界）	内側（主観世界）
物質	心 （雲）
空間	純粋意識 （青空）

空間は、その中にあるあらゆるモノを何も判断せずに、ただ受け入れ、在らしめています。いい悪い、優劣、好き嫌いなど一切していません。

青空意識も全く同じです。心のあらゆる思考、気分、感情、記憶、イメージなどを何も判断せず、ただ受け入れ、ただ気づいています。

ここで大事な要点は、青空意識は心という雲を受け入れようとしているのではなくすでに受け入れている、気づこうとしているのではなく、すでに気づいているということです。

「やり手（主体）」がいないということです。

青空意識の感覚

もう一度、50ページの表2を見てください。私の外側に広がる空間は、あることはわかりますが、直接視はできません。

どうやって空間を確認しているかというと、モノとモノの間として認識するか、モノを中心としてモノの境界から拡がっていく広がりとして認識しています。

内側の青空意識も同じく、直接視できません。それは、思考と思考の間、もしくは思考の背景の静寂として感じられます。

ですから、心鎮めて静寂を感じる、静寂に寛《くつろ》ぐことを実践することがとても大事なのです。

外側では空間として認識し感じられるものが、内側では思考の背景にある静寂として在ります。

私の外側（客観世界）と内側（主観世界）の境界（エッジ）はどこか。

物質的には、皮膚が私の外側と内側の境界だと普通は思っています。

では、あなたが私であると思っている心、つまり私の内側にある主観世界と、私の外側にある物質世界（客観世界）の境界（エッジ）はどこにありますか。

この境界に軽く意識を向けていると、どんな感じがしてきますか。

意識は、その注意を外側に向けたり、内側に向けたり、常に行ったり来たりしています。まことしやかに世界を外側と内側に分け隔てるものこそが、「自分」です。そして、普通はこの自分が「私」だと思い込んでいます。

故に、世界と私、他者と私は分離しているとしか見えないし、思えないのです。

この境界（エッジ）はどこか?と観ることによって、もしくは、外側と内側に同時に注意を向けることによって、外と内を分け隔てる境界(自分）は、消え去るというよりも、もともと無かったと気づきます。

3. 青空と雲のお話

内なる風景

外側の空も、もしも曇りや雨ばかりで、青空が一年中見えなかったら、重たく鬱々とした気分になってしまいますよね。

では、あなたの内側の風景のお天気はどうですか？

思考や感情の雲だらけだと、青空意識の静寂が感じられず、重たくパッとしない気分になるのは当たり前です。思考と一体化している限り、雲だらけになってしまうのは避けられません。

あなたは思考ではなく、ただ思考に気づいている青空意識です。

外側のお天気と同様に、内側のお天気も変わり続けますが、

雲（思考）の量が減って青空が半分ぐらいは見えるようになったら、相当ゆとりができて楽ですよ。

１００％青空にする必要はありませんし、それは無理です。誤解しないで欲しいのですが、思考という雲が悪いわけでは決してありません。

思考と自己同化してしまった錯覚が苦しみを生んでいるだけです。

青空と雲とは、空を見れば明らかなように、同時に存在しています。

青空か雲か、どちらかを選択しなければならないようなものではありません。「ある」ことと「する」ことは、同時に存在しているのです。

雲だらけでも、もちろん青空は何の影響も受けずに変わらずあり続けますが、初めのうちは余計な雲を増やさないように、雲減らし（思考を減らす）をする工夫をした方が青空感覚をつかみやすいのです。

車で言えば、アクセルを踏むだけでなく、ちゃんとブレーキも踏めるようになる訓練をするようなものです。

一なる青空

今度は、一人一人の個人そのものを、一つ一つの雲に例えてみましょう。

個人の内側の青空と雲（表2、50ページ）は、この一つ一つの雲の中に内包され、畳み込まれているわけです。

すると、そのすべての雲を在らしめている「一なる青空」こそ真の青空意識だと言えます。

しかし、表2の個人の内側の青空と「一なる青空」は、別物ではありません。

本来、分離してはいません。雲が占めている空間とその外側に広がる空間とは、何も分れていませんが、ただ心身という雲の中に私がいるという錯覚をしたせいで、**雲意識**として閉じていると思い込んだだけです。それで私は、真の一体としての**青空意識**から分離したと錯覚したのです。

実は、心身という雲の中に私の位置を定めたと同時に、時間と距離（空間）が現れるのです。私という中心点（・）を打たなければ、時間も空間もありません。

時空を測る基準点がないからです。**青空意識**にはどこにも中心点はないので、すべてが今、何処でもここしかないのです。

私という中心点（・）を置いたあとに起こること。

雲が私だと自己同化することが、雲の中に私という中心点を置くということですが、そうするとこの中心点が全てを測るための基準点となり、他の雲たちは私ではなくなり、他者になります。そうすると何が起こるでしょうか。

よく知っていますよね。私の雲と他者の雲を引っ切りなしに比較判断し始めます。あっちの雲の方が大きいとか小さいとか。より高いところを飛んでいるとか、低いとか。美しいとか醜いとか……。

色形に至るまで、あらゆる「差」を測り、気になります。**だから人は、「差」に価値を見出し、「差」で幸・不幸を判断するのです。**

変化してやまない雲の「差」にとらわれたら、不安になり、落ち着けず、苦しくなるのは当たり前だと思いませんか。私という中心点を雲に打たなかったならば、差はどこにありますか。

青空から観たら、どんなに大きく立派な入道雲もただの雲

ある時、とても大きく立派な入道雲を見つけたら、あなたという雲はどう思いますか。

わぁ、すごいな〜、同じ雲とは思えない。私もいつかはあのように大きく素晴らしい雲になりたいと思って、自己成長に励むでしょうか。

それともその入道雲に難癖をつけて批判したり、自分は無理だと諦めて自己卑下したり、運命を呪ったりするでしょうか。

雲軸で考えたら、もちろん素直になって自己成長に励んだ方が幸せでしょう。雲軸から見たら、成長、進化は自然なデザインです。

しかし、青空軸から見ると、どんなに大きく立派な入道雲もただの雲です。

雲軸から感じると、つまらない、退屈だと思ってしまいがちですが、

一番になること（入道雲）と全体になること（青空）では、あなたはどちらの方がすてきだと感じますか。

常に最善が起こっている

あなたは、私が思考している、私が行為している、私が見ている、私が気づいていると思っていませんか。

ちょっと考えてみてください。雲は、どうやって動いていますか。雲自身が行き先を決めて、動いているのでしょうか。

私はきれいな海の上を動いていたい、雄大なあの山に向かっていきたい、都会の上にずっといたい、などなど………。

違いますよね。風が雲を動かし、運んでいるのです。

では、風は何処から吹いてくるのでしょう。

地球の大気の気圧の変化などにより決まってきますが、要は空の全体性が動かしているのです。雲の周囲の切り取られた空にだけ都合よく風が吹くわけではありません。

風は常に全体なるものからやって来ます。ですから、どんなに些細な出来事にも全体なるものが関わっているのです。

全体なるものが関わらない限り、何一つ起こりえないとわかってくると、何も間違っていないのだということが腑に落ちていきます。

私は心身（雲）だと錯覚していると、まるで私である雲が思考し、選択して、行為しているのだと思い込んでしまいます。全体性から分離していると信じている雲が考えて選択すると思ったら、これでいいのだろうかと迷い、不安になるのは当たり前です。

幸・不幸という二極性の中での幸せになるためではなく、私は雲（心身）ではなく青空（純粋意識）であると気づくために、常に最善が起こっているのです。

私が気づいているのではない‥主体↓客体という錯覚

中国禅の第三祖である僧璨《さん》鑑智禅師が著した『信心銘』の一説に次のような文章があります。

「物事（対象）は主体（心）が存在するために対象となる。
心（主体）は物事（対象）があるためにそのように在る。
この両者の相補性を理解するがいい。
その根底にある実在は、一つの空《くう》なのだ。
この空《くう》の中では、主体と客体（対象）は区別されない。
しかもなお、全てを差別のまま、あるがまま包み込む。」

非二元の説明を的確にわかりやすく表現してくれている文章だと思います。

主体としての私が、何であれあらゆる客体（対象としてのモノ・コト・人・状況）に気づき、認識しているのではなく、

空《くう》と言われる気づきの中で主体と客体は同時に生まれ、同時に消えているのです。

これをある程度理解したら、あとはそれを検証する確認実践が大事です。

確認実践の一つのコツは、主体と客体の境界は何処かを丁寧に観ていくことです。区別できるような境界が本当にあるのかをただ観ていくと、境界などないことがハッキリしてきます。

もしくは、主体と客体の両方同時に、意識の注意を分けて観るという

実践もありますが、すべてをやろうとしないで、やりやすいと思う方をリラックスしながらやって下さい。

真の内面を観よ

多くの賢者たちは、等しく「内面を観よ」と教えてくれています。では、真の内面とはどこにあるのでしょうか。

多分、主観世界、心のある内側の方向性にあると思い込んでいる人が多いように思います。確かに、内側の主観世界には青空意識の反映としての「私は在る」がありますが、しかし、私の外側と内側の世界（表2、50ページ）は、共に現れの世界、外面なのです。「私」以降の世界です。

真の内面は、「私」以前、現れの前であり、認識できません。

それを般若心経では、「無智亦無得以無所得故」、それは知ることも得ることもできませんよと教えています。(表3)

それは知ることも得ることもできないので、**わかった！と思った途端に、振り出しに戻る羽目になります。**

だからと言って、何も意味ないと投げやりな態度になってしまうのは、大変もったいないことです。この虚無感、無力感にとらわれてしまうのが「禅病」です。

真の内面に意識を向けつつ実践していく繰り返しの中で、逆説的に、もともと無いものをあると思った錯覚が解けていくのです。

表3　真の内面とは何処か？（私以前）

	外側 （客観世界）	内側 （主観世界）
外面 ㊙以降	物質	心 （雲）
	空間	純粋意識 （青空）

外面
私以降

内面
私以前

気づき

4. 青空ファースト

準備

青空感覚への準備として、なるべく心掛けて欲しいことは、何よりもリラックスと呼吸です。そして、心身共にリラックスした状態で、何の因果も結ばずに、ただ幸せでいることです。

呼吸法やリラックスに関しては、さまざまな方法やスキルがありますので、ここでは詳しくは論じませんが、禅でも調息から始めるように、呼吸を整えることは心を整えることでもあり、重要な準備です。どんな呼吸法であれ、吐くことから始めて呼吸に意識を合わせることが要です。

わざわざ呼吸法をする時間をあえて作るというのではなく、日常の流れの中で頻繁に取り入れて、できたら習慣にしてほしい呼吸を紹介したいと思います。

無心の一呼吸の勧め

何であれ、これから考えたり行動しようとする時や、どうしようか迷っている時、何かを決断する時など、まずは最初に、無心の一呼《ひと》吸をしましょう。

なるべく何も考えないで、青空呼吸でゆっくり丁寧に一呼吸だけしてみましょう。実際には、三呼吸くらいした方が間が空く実感があると思いますが、慣れたら一呼吸で充分です。

このたった一呼吸の間に、どれほどの事が起こっているのか、どれほど創造の力が宿っているのか、誰も知りません。
たった一呼吸で、現れる出来事が変わってしまう事があることを覚えておいてください。

雲から自由になろうではなく、すでに青空

不足の気持ちで雲から青空を求めても、脱出したと思ったらそこはまた雲の中です。

孫悟空がキントン雲に乗ってどこまで遠くに飛んでいったとしても、そこはまだお釈迦様の手の平の上だったというお話しと同じです。

脱出しよう、自由になろうは、どこまで行っても因果の雲の中なのです。そうではなく、何が脱出したがっているのか？ 自由になりたがっているのは一体何か？ そもそも、何に対しての自由なのか？ とただ観てみましょう。

雲にまず頭を突っ込んでしまってから困ったことになり、なんとかしようとすると、これは問題があるという思考を現実にしてしまうので、時間とエネルギーが多大に浪費されてしまうのです。

それよりも、まずは青空の何も無さにまずは寛ぐことで、あなたは時間とエネルギーをものすごく節約できます。

同じ事を考えたり、行為するのでも、順番がとても大事であるということです。それは常に、雲からではなく青空から始めることです。

なぜならば、実体のない雲（モノ、コト、人、状況など有なるものすべて）から始めてとらわれると、すべて青空という無に帰されてしまうからです。

青空から始めるならば、雲はすべて遊び戯れになり、感謝になりえます。

何か考えごとをしたり、行為したり、選択したりする時に、すぐに無意識に始めないで、まずは無心の一呼吸をして、何も思わず青空に寛いでから考えごとをしたり、行為したり、選択してください。

青空は向かうところなし‥
悟りもなければ、迷いもない

「今しかない」とか言いながら、どこかで今この瞬間に抵抗していませんか。

今が大切だと知ってはいるけれど、どこかで、今この瞬間を否定して、違う瞬間を探し続けていませんか。

例えば、もっと高い崇高な境地（例えば、悟り）があるはずだ。もっと素晴らしい体験ができるはずだ。だから、何か変わらなくてはいけないと、どこか強迫的な思考がありませんか。

違う瞬間を求めず、今ここにいようとして、抵抗せずに受け入れようとか、抵抗を止めようと頑張ってもうまくいきません。

そうではなく、抵抗もまたよし。その抵抗が誰に起こっているのか、抵抗しているのは一体何か？　をただ観てください。

悟りであれ、何であれ、何処か向かうべきところがあるという思い込みは、雲のなせる技です。それを何とかしようとするのもまた雲の戯れ。放っておけばよいのです。放っておけなくてもまたよし。すべてよし。

なぜなら、何も分かれていない、ただ一つだからです。

おわりに

中学一年生の終わり頃、風邪と診断されていたのがなかなか治らず、かえって症状が悪化してしまい、やっと急性肝炎であることがわかって、大学病院に3カ月間入院したことがあります。

入院初期の頃、とても身体がつらくて、じっと寝ていることもできませんでした。

その時、死を身近に感じて、死の恐怖が襲ってきたり、死んだらどうなるのだろうと、ベッドの中でつらつらと考えていました。小学生の時のあの体験、世界が在ること、私が在ることそのものの不可思議さに打たれたことは、すっかり忘れていました。

身体が楽になってきてからも、死のこと、そして生のことをずっと考えていたので、自分なりに答えを見出したくて、病院の中の本屋さんに行き、それらしい本を探しに行って見つけたのが、松原泰道禅師の書かれた「般若心経入門」でした。

まだ入院中のベッドの中で、わからないながらも真剣に読んでいました。般若心経のお経も、意味は全くわからないまま何度も読んで暗記しました。

すでに医者になりたいとは思っていましたが、自分の入院体験を通して感じたのは、身体だけを診て治療するのはかたよっており、心身共に診て初めて、真の医療といえるのではないかということでした。

さらには、健康と病気という範疇を越えて、生と死という人生最大の二項対立を癒したいと願いました。般若心経にある「不生不滅」を自ら実感し、それを伝えることのできる医者になりたいと思いました。

そこから、医学の勉強と同時に、自分なりの内面の探求が始まり、仏教を始めとして宗教、哲学、心理学、精神世界とさまざまに学び、そして実際に修行し、セミナーに参加して、という青春時代を過ごしました。

そのときどきによって、教えや人に心惹かれ、夢中になってきましたが、その道程は迷いと葛藤の連続で、自分は一体何を求めているのかわからなくなってしまった時期もありました。

しかし、暗中模索の迷い多き探求のお陰で、自己の本質に関心を持ち、探求を続けている人たちの気持ちや葛藤がよくわかりますし、陥りやすい罠も自分の体験としてよく知っています。ですから、興味を持って取り組んでいる人たちの仲間として、かゆい所に手が届くようなアドバイスやサポートができれば幸いです。

そして医師としては、外科医、心療内科医、そしてセラピストとして全人的医療（身体－心理－社会－実存）に従事してきました。その経験の中で、自己の本質である実存（青空意識）の重要性に気づき、青空禅という名称で講座を開催し始め、２０１０年から青空意識の気づきを深め広げていくための仲間と場を「和サンガ」と名付けて、活動を続けています。ですから、是非、この青空意識を医療分野にもたらしたいと願っています。

最近、いくつかの病院に、レジリエンス外来というのが設置されています。レジリエンスとは、回復力、復元力といった意味ですが、例えば、末期癌などで生きる意欲や希望を失ってしまった患者さんの心に寄り添いながら、生きる意味を再び見出すサポートをする外来です。

実は、青空意識こそ究極のレジリエンスではないかと思っています。患者さん側にだけではなく、医師や看護師、医療従事者の側にも、レジリエンス・サポートとその教育は必要ではないでしょうか。この本が、少しでもそのような志を持っていらっしゃる方々のお役に立てることを祈っています。

(追記)ウィズコロナの時代の健康、医療

2020年は、世界中が新型コロナのパンデミックによって、私たちの生活や仕事などあらゆる分野で大きな変化を余儀なくされました。この変化の波は良かれ悪しかれ、さらに激しく加速度を増していくことでしょう。

今回の新型コロナは身体のみならず、思考に感染する「思考ウィルス」とも言われています。正にその通りで、何が正しくて何が間違っているのか、思考は不安で彷徨い、エネルギーを消耗するばかりの状況がさまざまな所で見てとれます。

今まで以上に、思考と一体化していればいるほど、落ち着けず、心配、不安の雲はあっという間に積乱雲のように巨大化し、皆さんを飲み込んでしまいますから、是非とも内なる青空を発見し、ただあることの幸せ、平安を感じていってほしいと思います。

感染に対する恐れ、不安、心配の背後には、生存欲求（サバイバル）、そして死の恐怖があります。新型コロナ以降、免疫力を上げることなど健康により関心が高まっており、死が今まで以上に身近に感じられている人も多いことでしょう。恐れや不安から情報を取りにいったり、行動を起こしてしまうと、さらなる恐れと不安の雲まみれになってしまいます。「予防」という一見良さそうな概念さえも、その背後には恐れと不安が根付いています。

雲（心身）が私であると錯覚している限り、そう考えてしまうのは当たり前です。死生観を含めて、現在の医療、医学の限界がその錯覚にあると思います。

時空に縛られた生存（サバイバル）軸の医療から、時空から自由な不変の存在軸の医療へのパラダイムシフトを目的として、青空意識を共に学んでいる医療従事者たちと２０２０年春に「青空医療研究会」を発足しました。これから健康、医療分野においても大きな変化がやってくると思いますが、その変化の基底に青空意識が浸透して行きますように。

著者紹介

伊東充隆（いとう みつたか）

１９６０年東京生まれ。東邦大学　医学部卒業。

13歳時の長期入院を機に死を意識し、自己の探求を始める。

東京女子医科大学総合腎臓病センター外科、浜松医科大学第二内科（心身医学）研究生を経て、西洋医学以外の代替療法（セラピー、ヒーリング等）の修得、研究のため渡印。

帰国後、新世代医療研究所を開設し、統合医療を展開。

２００５年からは、i Medic & Art を開設し、意識の変容（青空意識）をメインテーマに青空禅塾、和サンガなどの教育・講演活動を行なっている。

２０２０年、健康・医療分野の基底に青空意識をもたらすべく青空医療研究会を発足。

ホームページ

i Medic & Art
◆ https://imedic-art.com/

青空禅

ただあることの幸せ

●

2020年9月8日　初版発行
2020年10月25日　第2刷発行

著者／伊東充隆

編集／磯貝いさお
装幀・本文デザイン・DTP／細谷 毅

発行者／今井博揮
発行所／株式会社ナチュラルスピリット
〒101-0051　東京都千代田区神田神保町3-2　高橋ビル2F
TEL 03-6450-5938　FAX 03-6450-5978
E-mail:info@naturalspirit.co.jp
ホームページ https://www.naturalspirit.co.jp

印刷所／モリモト印刷株式会社

ISBN978-4-86451-346-3 C0010